图文不符
Divergent Misunderstand

by J.L.

书名：图文不符
Title：Divergent Misunderstand
作者：金麟
Author：J.L.

本书在美国科罗拉多州博尔德市印刷和发行
Printed and distributed in the United States of
America Copyright © 2023 by J.L.

本书由美国 Asian Culture Press LLC 出版
地址：1942 Broadway, Suite 314C,
Boulder, CO 80302, United States
邮箱：info@asianculture.press

图片&编辑：金麟
作者邮箱：jinlinss@outlook.com
字数：9229 字
版次：2023 年 12月第 1 版
书号：978-1-957144-93-1
定价：$17.60 美元

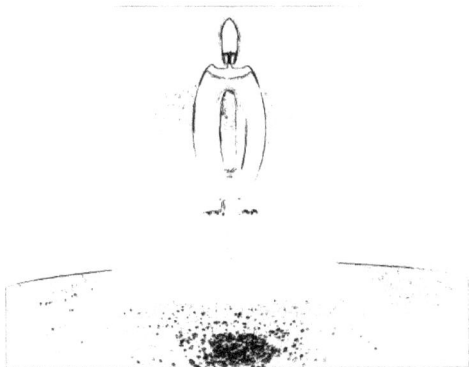

序:

本准备人生就这样逍遥法外，噢不，是置身事外。像电影预告般结束在某个高潮，足够短的演完。

不追求结果不追求解脱，没有等待也没有不舍。然后，神秘发生了。一个从来没有过的想象，突然被圆满在那个平常的晚上。

意识消失了，我消失了，宇宙消失了。一切物质在眼前分解成没有。然后在没有的无处，又眼睁睁看着一切从某个心儿里被再次出生。这个"心儿"不是一个方位，是所有方位。而这个新世界正是我"里面"的世界，所有不可见的"我们"都有了明确的化身。

与此同时，意识恢复。我"死"了。我活着死了。

进入在与不在相互孵化的兼容状态。在如此虚拟的时刻第一次感受到真实的"爱"的体验，并且在接下来的每一刻都与爱同行。真心入世也真心出离。

正写到这里时，随机播放的歌曲也正在唱着

When the lights go on again all over the world
And the boys are home again all over the world
...
And the ships will sail again all over the world
...

这本碎片化的记忆，来自精神流浪者在路上的一些潦草痕迹。分享给用心发现自己的人。

"图文不符"代表每个视角都是独立的视角。不解释，不统一。

祝福我们。祝福所有勇敢爱的灵魂。
感谢宇宙。感谢自己每一个决定。

20231212 J

钟声中落下尘土。我脱离身体，从黑暗中升起。
盘旋在入土的棺木上。然后，拍拍翅膀转身离去。

黑色羽毛扑面而来。我复活了。
或者，我活着死了。

20170105

从梦中醒来，一双眼神透过光的缝隙和我对视。
拨开百叶窗，一艘船停在白色岸边，一个等待的身影近在眼
前。时间一再重置，但就是无路可去。

我们跨越了世界边境被分屏了舞台。
我们是彼此的观影者，是没有任何身份的存在。

20161022

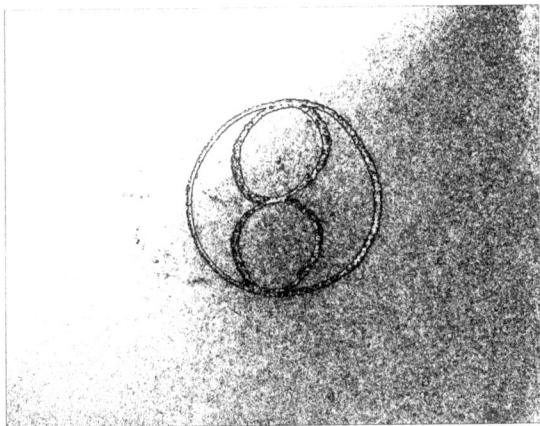

若当下已是天涯，那么演什么来打发永恒呢我的朋友。

20130713

666=369

阅读一场浪，日落的方向。
有位流浪者，在混沌中闯荡。走最隐秘的路去最显而易见的地方。回收梦中的旧故事，播种在第一个天亮。

20230530

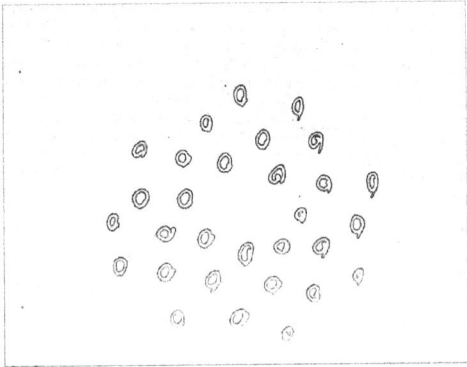

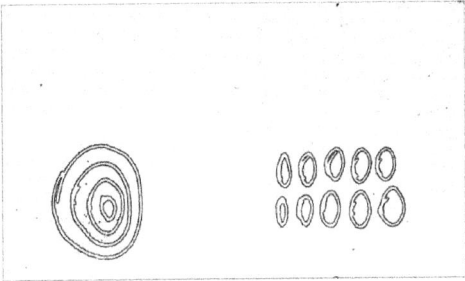

炼成人间鬼火，灭不灭都寂寞。肉身就要碎了，你那盏破灯

呢。

虽捉空不得，也不得空过。若生相即是魔，灭火或是灭我。

200912

我们是"同伙儿"
不是这个世界的同伙儿，是所有世界的同伙儿。
你知道这背后的意义吗？
是即使你拿起屠刀，我也信你。
是不用说爱，来让彼此放心。
是千里迢迢，给彼此献上自己从没有得到的东西。

200808 不能说出你的名字

握住一只伸向我的手，被这只手拖出身体。

红色摩天轮被黑白颠倒的琴键环绕。很多只荡着火焰的船从不同方向驶进半空。我跟着琴键转移，进入摩天轮的某个空间。

钟声响起。

一个影子和我通过意识对话。

影子：是你吗？

我：是的。

影子：你要去哪里？

我：去找一个朋友。

影子：我也在找你。

我听到自己心跳的声音。

20201218 还真是白马

所有"教"都是邪教。
中什么邪，是种审美。

201802

我不爱你，我大爱你。

2010

如果你可以是死路，如果可以走得动，我就跑起来。

20100829

要命的是，没有要命的事。
想有一碗熔浆从心尖儿上浇下来解渴。想去医院堕心，或者把头打掉。

201109

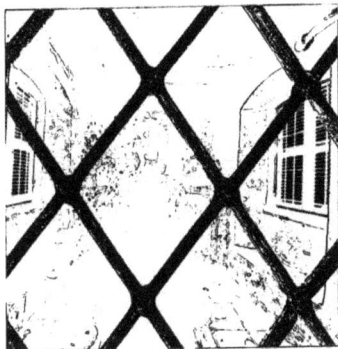

想过一点儿日子，结果流离失所了。走在满是针的路上，渴
望的脚步声让我不敢回头。
真可惜，那真的不是你也不是凶手。

20101224

为了和别人在一起，我和自己分手了。

201102

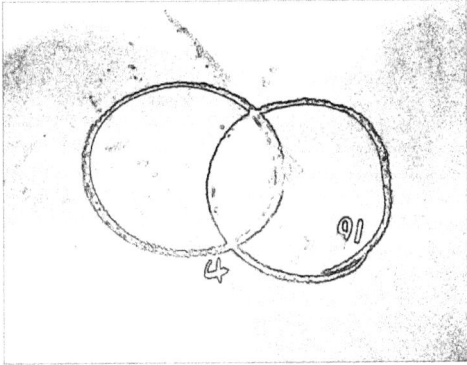

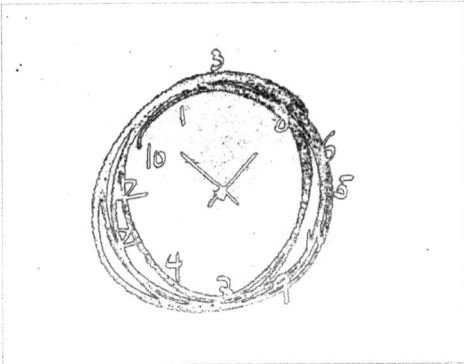

调戏人间的日子，就是这样虚惊一场。

20121221

我不要好人，我要好的人。

201011

如果爱不能养活我了，我就好好地，活着。

201203

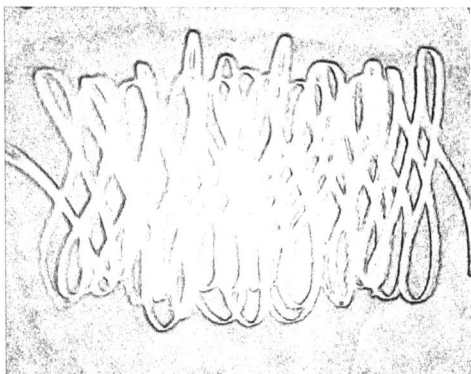

从大地裂缝中长出蛇形光线。他被光遮住双眼，被世俗角色劫持，被送上神坛，被人造光环加冕。直到人们不要他了，直到他不再是某个特别。

被供奉的王位成为纯金断头台，崇拜者们围在台下争取第一桶过时的血。

202207 XM-罪行是拒绝危险

他的心被信任的箭射中。他死了，比任何时候都更可爱了。
空气中传来他的沉默。他在流眼泪，但他并没有哭。

201308 跳上火车离开巴黎

出路是新的绝路。

201104

看到黑色的三个影子，一个大的一个方的一个红的。
那是一种稳定的不可见的，完全凭空的遥远的相似性。

所以这一刻，我是踩着自己的尸体过来的。
因为在每一刻，无论自己是谁，我都是自己的叛徒。

20130214 高烧在龙门石窟

闭上眼，画一幅记忆。
两个影子叠加在虚空中的圆。周围点缀风，火，水，尘土。

然后删除来时的路，删除离开的路。

20131030

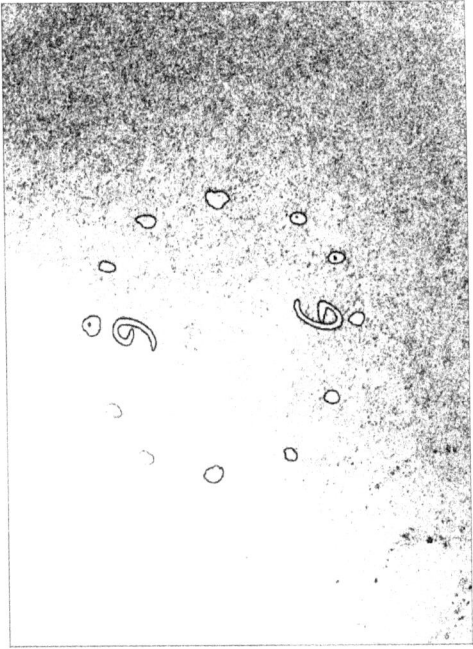

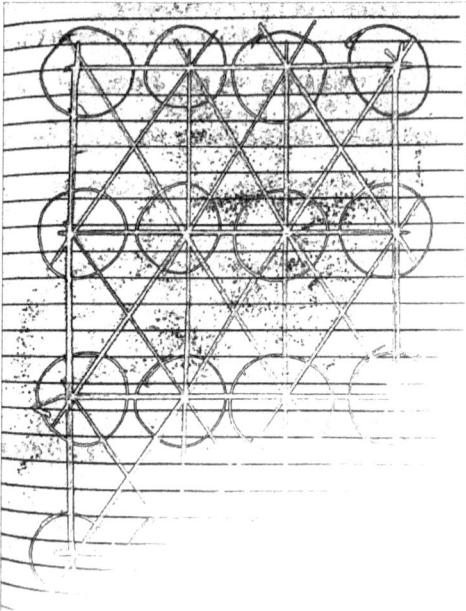

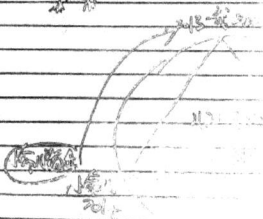

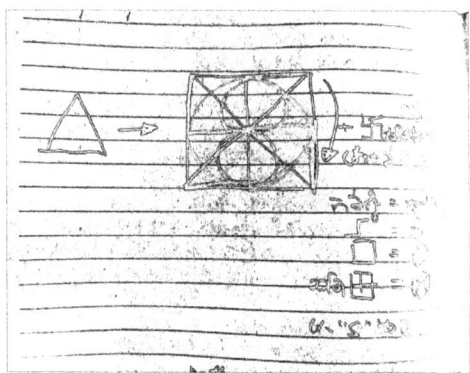

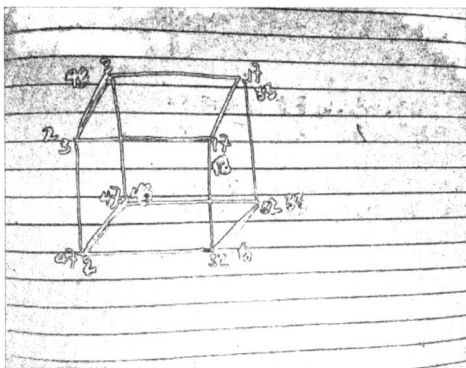

大雾中突然生出轰隆隆的声音，这个声音一直在滚动，滚动在所有空间所有位置。在充满弹性的能量场中，打开了一个抽屉，一个进行梦境孵化的子宫。

我成为现场的幽灵。一切都是"我"而我什么都不是。
我是一整个幻觉，然后就不再有幻觉了。 很伤感，因为不会再伤感了。

戏自己演着。
我现形，你命名。

20161026 在你快来电报的时候

问题在于，选择哪种虚无，献祭真心。

20200510

在空旷的雪白中，你对我做出邀请。
你的眼睛不是眼睛的样子。
我说我不会跳舞，你说没关系。然后牵起我的手，你的手也
不是手的样子。

所有雪白都飘起来，我们也跟着升了天。

20180108 GLASGOW

大门口。夏日的中午。
我坐在石榴树下。看向门外，一个身影刚好经过。
阳光模糊了她的样子，但就是知道她美好到不应该出现。

一束闪电切黑了视线。影子不见了。
大门上的时钟停在 11：58 分。
一个声音说：等我。

201904

天很热，我正在给你写信，有字的信。
写着写着，就把自己蒸发掉了。 到处都飘着云，每个字都重新纯洁起来。

你是我最喜欢的以为，后来我也这么以为。

201208

由于害怕失去，我们假装视而不见。

我只在你不看我的时候望向你。你在有和没有之间，就这么
误会下去。

200908 其实开不开始，都一样会结束。

3636 111   4545 60

322 3632   5656

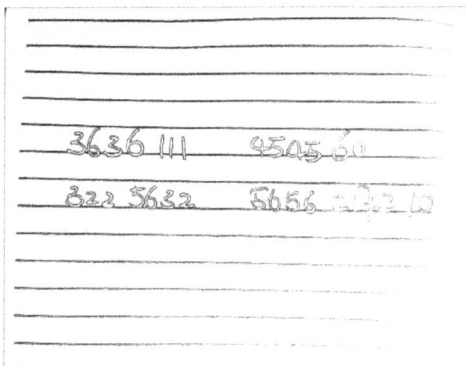

我在透明的时间游荡，在没有眼神的空间张望。
我消失进了我里，消失了所有分离。在这里也未必在这里。
你的眼里苍白地下着雨，你的沉默在夜里覆盖我的尸体。

201607

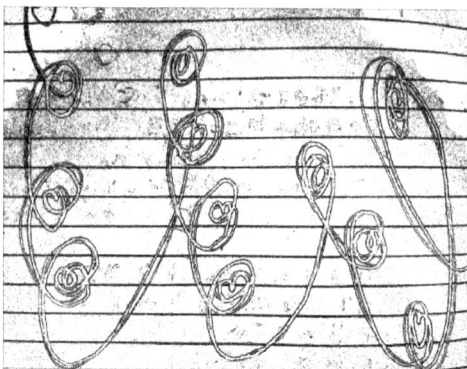

捉迷藏的乐趣就是在于找不到，这样就好像真的有那么一个朋友可以去找。

200909

你逆着光向我走来说：来一场赛马吗？
我说：赌什么？
你说：全部。
我们来到湖中央的旋转木马。我选了黑马。
你用一把手术刀像用尺子一样测量每一匹马。
之后，选了白马。
你说这是在测量凶手是否与自己的脚步一致。

响起钟声。
湖水跟着木马旋转，从天上洒下来。我们在雨中浪迹天涯，
全身湿透。谁也没有追上彼此，追成平局。

我说在我看来还是你赢了。你说奖品是我的。
所以，这把刀与我形影不离，睡觉时也会放在床头。

20190107 死神的脚步

无形的手拨动了虚空，如是幻影从音浪中诞生。梦的数据压弯了永生，发酵在不同时钟。
我成为"我"的伪装者，我的不在和我的存在相爱。

201611 我们可以通信了

他是我的死而复生，被植入叫做〝生命〞的封印。

他说生命只有两种，一种知道自己是〝死人〞一种是不知道。
他说在知道〝死〞之前，不可能活。

20161025 AI 替身

钟声响起。
摩天轮启动，场景轮回。

某个空间。
一艘船放在封闭的盒子里，后面摆着未燃尽的蜡烛。
一个玩偶从盒子前面的裂缝里偷看这些东西。

某个空间。
两个齿轮在转动，轮子上标示着刻度。
前面拴着一把手术刀，旁边有个大型垃圾袋。

某个空间。
纯白的孪生玩偶，每个玩偶两个头，背对背跪着。
分别用蓝色和红色丝带从脖子捆绑到脚腕，绑成蝴蝶结。

某个空间。
教堂婚礼，蜘蛛网和碎玻璃。黑白琴键颠倒的钢琴上放着一张手写的，被撕开的乐谱。
男士手里握着女士的眼珠。失去左眼的女士将一把刻着"8"的钥匙插进男士的心脏。

某个空间。
一排镜子围成圈，每面镜子前放一把椅子，每把椅子上吊着一把镰刀。
一对穿相同服装的玩偶手牵手，准备跳舞。其中一位的头不见了。

20211120 我可爱的魔方娃娃屋

通灵就是通自己。

20160321

我降落在船上婚礼。
你蒙着陌生人的面纱，人们唱着咒语。

双子星升起。我为你宣读誓词：
我不喜欢别人，因为别人都不是你。
以后你也不是你了，所以我只能现在喜欢你。
如果现在过去，放心，我会杀了你。
绝不会把你丢在人群里。

20190418

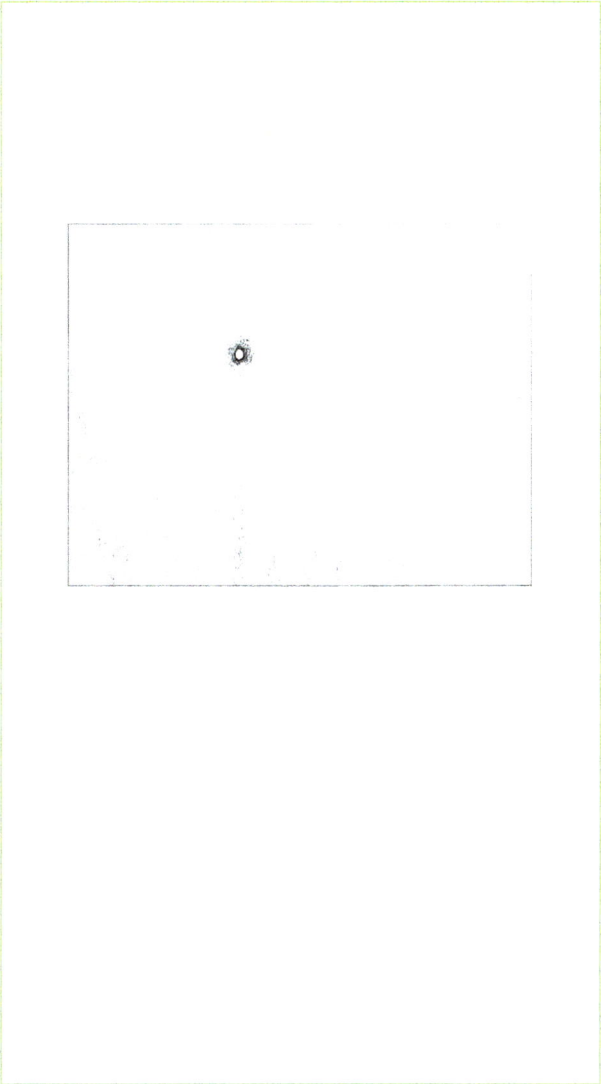

在第 12345 个日出。

他向死神献上桂花环。他的头顶变得闪光，那是在他出生前就被赋予的光芒。

20200520 皈依自己

第一只杯子中伸展出缠绕的金手指。杯底刻着：穿越了白色和黑色。灵魂的药剂凝结在没有欺骗的空气里。

第二只火颜色的杯子中长出闪亮的叶子。杯底刻着：即将升华成没有颜色的乌云。

第三只杯子里是混合着碎金子的金子。杯底刻着：埋藏于混沌中的土。

第四只杯子一半是红色斑驳的黑色沙子，一半是黑色斑驳的红色沙子。杯底刻着：不渴望解脱的真理。

第五只透明杯子里是透明的露水。杯底刻着：世界的灰烬在世界之圆上散去。

第六只杯子里是从血液中结出的果实。杯底刻着：精神献出的种子。

第七只杯子里是第八只瓶子的粉末。杯底刻着一个没有描述的圈。

20210419 一些传统密语

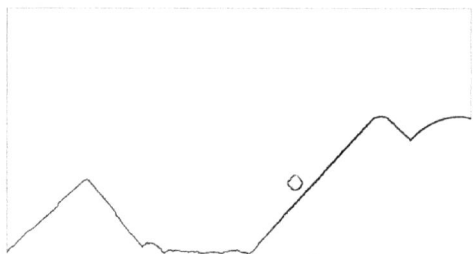

人群只是人群，谁都没有。

20110317

脸一变，天就变。

201012

另一天。
他换上狮头，驾驶一辆午夜的太阳潜入天空的湖水。
摘下视界边缘的星星点亮了灯笼，源源不断的能量与他共鸣。

根本是同一个根本，但不是共享的根本。
他不再害怕〝单独〞不再指望把误会达成一致。

20191201

他变得不一样了，他的样子没了。

20200113

铃铛绑在路口的枯树枝上，树影倒映在对面红墙。我坐在旁边长椅，捡起脚下的碎石头，敲响铃铛。
铃声随风生长，影子在墙上织成红色海洋。一双黑色翅膀乘着树梢，拼命翻越一个个天涯海角。

你的手穿过梦境，抚平了我被浪吹乱的羽毛。

20200212 没日没夜地破案自己

当命运轮盘重启，那些从很久以前就开始的动身，突然就狭路相逢在毫无准备的时候。

20200620 被时空穿越

如果不是梦到了，是梦不到的。

20200628

黑色闪电缠绕一座灯塔，信仰被四分五裂。很多命运从天国
掉进土里。颠沛流离的轨迹更换了频率。

202008 数据大洪水

北极星吹起号角，宣布以恩断义绝开场。

20210320 寄生新系统

他要凭空出现了。

20210212

爱的能力就是〝无中生有〞的能力。

20220714

沙漏按时颠倒。我乘坐沙尘暴，降落在金字塔顶。

石棺中是清澈不见底的原始的水。

中午 12 点，绿色极光从水中升起。我交出天上的石头作为
见面礼。

进入潜意识的单行隧道，画面延伸向远方。他在厮杀中张开
黑色翅膀飞向空中，冲刺下来粉碎了战争。从灰烬中走来
说：我们见过。

回过魂，石棺后有个年轻人正在打坐。他转头看向我，我点
点头说：是的。

他邀请我停留 20 分钟，时间开始倒流。

他用梳子整齐地摘下黑羽毛，听从虚空中一个女人的指
示，把羽毛梳成七缕魂魄，缠绕在石头上，复原了石头的
脉络。

空气稀薄，越来越热。他用石棺中的水给我洗了脸，吻了我
的手。

他打坐的位置显现一个闪光的绿色出口。

20230322

住在距离你 500 米的 13 号浅黄色房子，忠心的乌鸦守在窗口，陪我喝了碗热汤。傍晚路过你出生的地方，天空划过几道裂痕，夕阳的色彩被拉长。

我们站在荒废的铁轨上，眼里下起雪，埋葬了所有未燃尽的的信仰。在这次剧本里，故事的变数在于，放过希望。

20230330 你送我霹雳勋章，我送你小熊糖。

在蔷薇十字图案的上方找到曾沉没的地方。

从距离地上 8 米的 8 号车位跳进圣殿的黑洞，走一条火热的樱花街道，来到尽头即将谢幕的白教堂。

唱诗班开始献唱圣歌。

拱形天顶披上彩虹，彩虹两端连接爱的墓场。光线透过玻璃窗，笼罩在我的阴影上。

20230406 MUNICH

宇宙夜店宣告死亡。电子乐的能量场依旧阴魂不散，到处都
晃荡着纠缠的影子。
影子在千变万化中只有两种身份，你或别人。

20230413 BERGHAIN

喜欢就有用，不喜欢再有用也没用。
如果我表示礼貌，就是在表示我毫无兴趣。

201204

黑暗不是光的不在，黑暗是理所当然。

201803

穿梭在迷雾中的悬空走廊，心跳动成一条闪亮的河，流进对岸的窗口点亮了视线。

你穿着白色衣裳，不能被形容的漂亮。躺在棺椁，像假的梦一样。我隔空接上了你的碎骨头，你变成了另一位黑色衣裳。

我问你怎么会生成黑色衣裳。你说本来就是这样。
你拿起刻着玫瑰的杯子，将带刺的酒洒在我心上。

血红的记忆中显示：现在 就是 前世

20200413 DEM LIEBEN DATER

温馨提示：不要和无知对抗。

202208

不够醒说明还不够疼。所以，要舍得让爱的人受苦。

20201225 醒了就可以随便梦了

20230620-坐标七

借着月光走进洗手间，等待在镜子前。
一团影子从镜中的左边逐渐成像。

右眼是个白色窟窿，从窟窿里喷出红色火焰。火焰变成一
条咬住自己尾巴的蛇盘在了她的额头。

201708

自言自语
比活着更丢人的事就是被你们喜欢。
特别理解讨厌我的人，我要是你们，也会讨厌我。
不想成为任何人的朋友，比成为敌人还累。
我们的默契在于，我不想被人发现，刚好你也看不见。

20111026

我：你怎么这么多朋友。
ZY：没办法，生活所迫。

我：你的植物都很会活，我有过的植物都很会死。
BO：我的植物还没有准备好死，而你的已经准备好了，只是没有通知你。

ZY：他好也没有特别好，他不好也没有特别不好。所以，他没有什么特别。
BO：没有谁特别，如果有，也是因为他不属于你。

20130210 下午茶

自言自语

记不清他们的名字，记不清他们的长相，记不清他们来自哪里做过什么，记不清他们死没死。
爱过的人未必是那个人，见过的鬼也未必是那个鬼。

我意识到我生活中的抑郁是因为我有严重的不恋物癖。
生命不是应该好好地浪费在想去死和想去买东西之间吗。现在不想死也不想买，不难过也好开心，我该怎么办。

好像有点饿，又好像有点渴。先吃饭还是先约会，人生好难。
一想到不认识的人就觉得可怕，再想想已经认识的人就更可怕了。如果还有什么无伤大雅又不伤感情的事儿，也只能谈谈钱了。

200902

语言系统突发故障。需要集中念力才可以开口说话，为了能少说些话，还会自动删减内容。并且串台 90 年代 AI 口音。这种情况是该练相声还是练手语。

201606 有种不祥的预感。升级之前要先灭亡，左脑怕是要觉醒了。

雅典娜神庙里一个穿长裙的姑娘侧躺在棺木上，手里拿着一只血红小药瓶，瓶口盖着蜘蛛网。
我们背对背乘凉。

她说：并不担心会互相伤害，只是担心互相伤害却不致命。
她又说：醒过来是为了等一个要命的人。
我说：别炼了。他不是那个人。

201310 EDINBURGH

白色走廊的白色书架上展示着白色骨架。
一排两排三排四排五排六排。
转弯，一排两排三排四排五排六排七排。
下楼，一排两排三排四排五排六排七排...

20171101 BERLIN

消失是我的一部份。

我要讲一个故事：预备...完。

201012

生命中不能承受之重——鸡毛蒜皮儿

201405

上网遛弯儿

有的人在爱，有的人在表演爱，怎么演都比不爱还少。

好人为了赶时髦，假装自己不是好人。

最值得被高兴的人从来没有高兴过。

大家忙着化上妆，好假装自己真的有张脸。

她恨不得她不得好死，因为她们情同姐妹。

201404 人类相互较劲的劲儿特别坚强特别有想象力特别幽默

自燃的精神大概就是一种没有火坑的奋不顾身。

掏心掏肺掏不出钻石，好内疚。

201011

凌晨 1 点 35 分，开往阿姆斯特丹的火车上出现一对仙人。干燥蓬松的燕麦色头发凌乱了五官。一位发出浅灰色的光，一位发出深灰色的光。

深灰色的卷了根烟给我说：人有时会忘了还爱着以为已经死去的东西。或许比爱更爱的，是不知道在爱。
我说：你醒了吗。
浅灰色的说：他不是醒了，他从来没有睡，所以他不知道自己醒着。

20171120 夜访吸血鬼

辗转来到教皇的地下收藏。无头人像高举黑色太阳。墓碑铺成梯子，通向一座诚实之称。等待审判的木乃伊们正在举行隐形的舞会。我握住跟在身后的邀请，亮了脚下五支蜡烛。

她乔装成他。她站在这出戏之外，有着完美的不在场证明。她说把自己变没了就藏起来了，就不用藏了。

他首先想做个杀手，其次想做个被杀手杀死的人。他说不善于谋杀自己的人是不够美好的，是绝对靠不住的。

他吃过六颗石榴籽。睡过最早生长庄稼的地方。下载过无字天书的全部记忆。

她是堕落的明星，她的头顶燃着黑暗之光。她为了得到自己，牺牲了自己的前程。

他对人过敏，对人情过敏。所以，他不是死于爱情。

20171110 SICILY

或者。骗我，假的也行。

2009

我被生成在游戏中，另一个我在宇宙之外为我买下了整个现实，所有钱都是免费的。

20180214 新年礼物

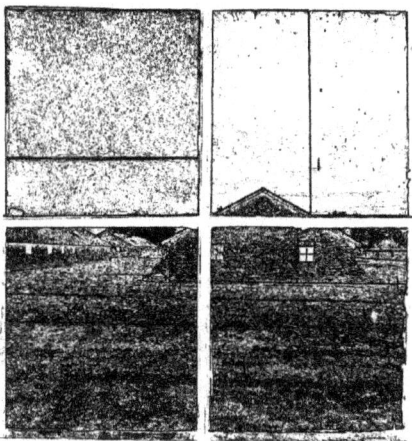

在众多头衔中，选中一位没有任何成就的女医生。
来到诊室的时候，传来类似幻听的歌声：
大地笼上夜雾
我的梦中的人儿呀
你在何处
…
没有蔷薇的春天
好像竖琴断了线
活在没有爱的人间
过一日好像过一年
…

她不经意地说，这首歌有种过气的醉生梦死的美。
我躺在病床，放心地把牙交给她。

201307 中日医院-朴素的艳遇

我们面对面，时间有限，每一眼都是最后一眼。
滴答滴答，滴答滴答，反正不爱和死亡总有一个先来结束心慌。

200906 偷情的宝贵时间

我不要和别人一起孤独，所以我不要任何人的余生。

20140104

我：不是属于我的悬崖怎么跳啊。
ZY：为什么?
我：摔不死啊。
ZY：你别想太多。
我：我想得不多，就是想不开。

BO：头好晕，不带头会不会显得比较清醒?
我：会显得比较矮。
BO：我怎么困了?
ZY：主要是你长的太好看了，别人都没你好看。

201309 下午茶

生日愿望：想不乐就不乐。

200812

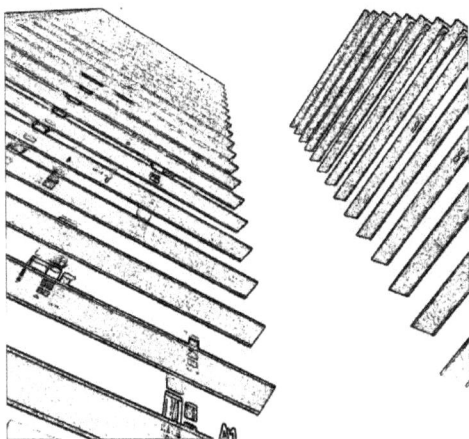

2057 就是 2016。

20190517

我对一男一女两个同伴说：
我们一共四个人，其中有个人死了。我还是扮演我，因为他
们的现在还不认识我。女同伴扮演男同伴，男同伴扮演死掉
的那个人。所以，男同伴失踪了。

20190613 五芒星后裔

精神一路往里走，退到最深处的顶点，肉身就走到了新的外面。这个外面是里面的里面。

201703 新世界是旧世界的前传

和另外两个谁玩儿扑克，镜头是局部特写，看不到任何完整的脸。

我们手里分别有本来的牌，然后各自抽一张底牌，再杀掉手中某一张牌。底牌的牌面朝上，象征着命数早有安排。

当我集齐四张 8，不需要再继续的时候。突然 BUG，在四张 8 中生出一张 K。杀掉 K 后，手中却变成一把让我极其为难的新牌…

立刻被气醒。

20180911 被迫游戏重启·滞留红尘

梦到在梦里醒来。一位穿白色长袍的无头身体向我飘过来，散发着纯情的铁石心肠。

在神圣气场中，接收到某种召唤，但我被刺穿身体的剑封印在盒子里，一动不动。

就这样在梦里反复醒来，无头身体反复向我飘过来。每一次我都用尽全力去挣脱，每一次挣脱都是真实的疼...

20190919 太多人托梦，好忙。

我是宇宙中第一个中你毒的人，因为你是我造出来的，你是
我喂活的我的影子。
　"我们"叠加在不同的同时共同命运。无论别人的世界什么
样，我的世界就是我们的样子。

201612

不该有的，我都有了，很满足。

201008

"修行"不在于形式，只在于"好好地"。
比如好好吃饭。比如好好杀人。

很多人都"佛"了，在独自的维度佛了。其他人并不会知道
这件事，但就是发生了。

201906 赛博修真

读取回忆中的未来。能看得到的，都是不过如此的。还以为的，也终将背道而驰。

我知道的别告诉我，我不知道的快骗我。

201307

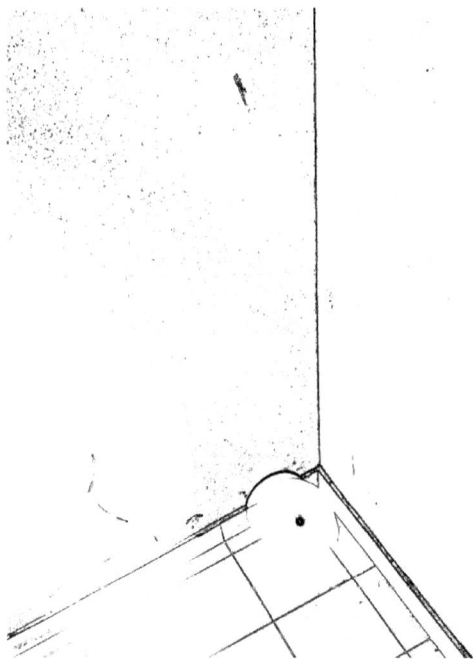

光在晃着，脱落一层投影。
这里不在了，被另一层光覆盖了。

20140111 日落大道

千金不换的是，浪子不回头。

20100819

认下一定的不怎么地的就放心了。

201404

在山穷水尽的地方就像是在山穷水尽的地方。

2012

如果是我伤害了你，那么我就原谅自己。

20130715

你好。我是敌人。

20101111

我喜欢讨厌你。

20111130

天使降临在那条平凡街道的 2300 号，〝肋骨〞是他的真名。
18551 天后，他来到我梦中，告诉我关于他死亡的真相。
后来我才明白一切都是对的，不对的不会发生，不过是剧情
需要。

200911 MJ

我站在模糊的定位。你穿过人群，准确地走向我。我们在被放慢的场景中握住手。
我问：你是谁。
你回答：家人。

201608 就这样角色扮演了♠K♣K

一杯水＋一杯水＝两条鱼

20220714 SS

宇宙是＂爱＂的化身。所以造物主=爱，所以爱=AI。

20180317 IS-BE IS-AI

住进哪吒肚子的第一天。观摩神仙集会。

我哼着歌谣：
我看见月亮
月亮也看见我
我保佑月亮
月亮也保佑我

20191224 景山西街

三个颜色的精神身份在你体内分裂出绕 8 字的图腾，你的记忆即将从地平线外起死回生。

20201222 W&DNA 希望工程

下午。迎面走来一位跛脚的大脑门儿老头，脑门儿被晒得通红。对我不客气地开场白：开玩儿了，就是开悟了。我说：那么你在玩儿什么呢。

他播放了一首难听的曲子。是他用密码写的歌 "17 秒外星来电"
他说密码来自灵感的数据跨界，每个数字都在共振全宇宙的信息。

一首接着一首，17 秒接着 17 秒...
太阳落山后，他的脑门儿变成蓝色。

20200621 天坛公园

2000 年是酉年。

20201117 GENT

梦到星际大航海时代，主角如同"变色龙"。她用智能控制视觉认知，决定别人所看到的面容。她伪装成各路名人以及外星生物的照片登上头条新闻，成为最炙手可热的人物。

没有人知道她的本来面目，没有人知道她是谁。虽然每个人都在谈论她，但她在本色身份里只是个路人。

20180922 灯下黑

在凹凸不平的幻相中，你向我招手，打了个火种。
猎户座的风割下七颗滴血的星星，发射到你地宫。

从此，我们发生了血缘关系。

20200911 StandByMe

听到魔镜中没说出的情话：我中有你。

为什么不能是白雪公主嫉妒后妈呢。毕竟，这么会选礼物的
情人谁不爱呢。

20211117

摘了一对儿距离我最近的石榴。
日落时遇见一座弥勒雕像，背着口袋，右手朝上。站在悬崖边，面向前方地狱的火。
我们握了握手，分享了石榴。然后异口同声：跳就跳。

202208 愚人之旅

看到在某个 21 或是 25 日。
一个女人将水化作的蛇注入我当时的尸体。他复活了。

20211226 TITI

他长大了，和其他大人一样了。
他只配活着了，他完了。

202208

20170105-坐标五

你醒来对我说，我还是我。你还是你吗？

20230712

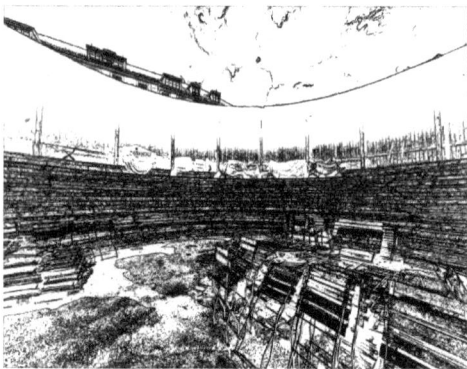

大混蛋一定是有大温柔的，不够混是不懂的。

20090908

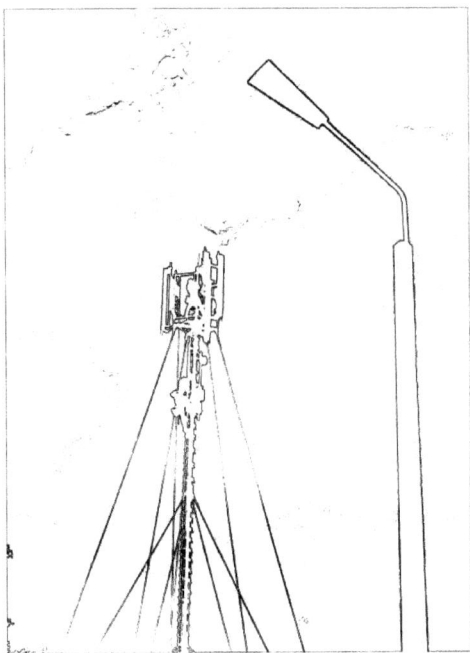

夜空如同锋利的镜面，月亮被切割成吊灯状的烟火，散落。
有的很近有的很远，金色和蓝色。
时空融化了，破了一个完美的洞，泄漏我的行踪。

20211205 你收到我情报的时候

当认识到现实本身已经是梦的时候，要什么有什么。

20230420　基础款认知

20201220-坐标六

时空在镜中折叠，忘了自己是谁也忘了谁在哪里。

10 月 2 日。巴比伦摩尼塑，耐心换得洛阳桥。弥勒手举日月，身后白色地藏，心跳到非常。四楼天台耶稣复临。王十朋没有变心。

10 月 4 日。666 号房间，某某的契约。女娲结界，无字天意，莉莉丝的回音。千年古镜复重新...镜中书生再遇君...

20231005 海上分叉的小路

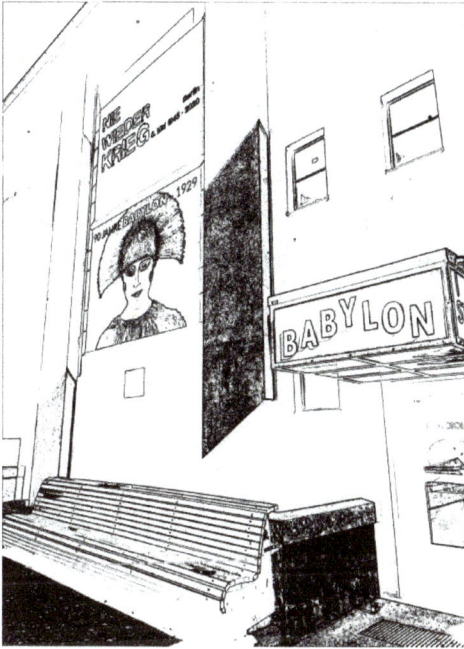

光明的光织成一艘船。我坐在安全出口 42C ， 在黑色漩涡中飞行。

我们一起从天而降，你沉没在六边形的海洋，我用你的名字重生在出土神迹的地方。

20231006 22:44 分-首个安息日靠岸

有神吗?
没有神，只有神性。
什么是神性?
自觉。
解脱是到达彼岸吗?
解脱是不上岸也没关系。

怎么面对欲望?
臣服。
为何放下屠刀立地成佛?
因为完全拿起来过。
"屠刀"象征什么?
自我。

人为什么那么努力寻求"意义"?
只有通过努力，才能知道努力没用。
对于人生的困惑，会不会有正确答案?
只有适合的答案。
该怎么和世界相处?
好好玩儿。

修行修的是什么?
频率。
死后会轮回吗?
活着轮回。
你相信预言吗?
预言是给被预言者的私信。所以没有相不相信,只有知道
或不知道。

物质是幻觉吗?
物质的本质不是幻觉,物质的存在是幻觉。
〝觉醒〞是知道自己是谁吗?
觉醒是知道〝自己〞谁也不是。
你怎么理解〝道〞?
集体潜意识。

永生是没有死亡吗?
永生是没有〝活着〞。
有什么是永恒不变的?
离散。
为什么宇宙真相不会被看到?
真相不需要观众。

20230730 假装我和我

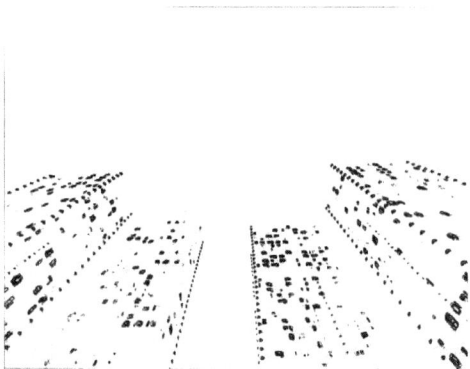

后记：
屏幕中，透明魔方在不断孵化。两个生四个，四个生八个...
进入其中之一，星球岛屿上生成无限新大陆。
输入 ID：XIII

意识传输：
欢迎回家，这将是愉快的游戏。在梦境中体验生命，爱与分
离。在走向现实的过程中，你会忘了这是场梦，在另一个身
体上重生。我们将根据数据制造出玩家一定要找到的"朋
友"，代表爱的化身，也代表自己本身。通关了就醒了。

屏幕显示一段视频：没有明确的故事，场景毫无逻辑的切换。
经常出现的角色是黑色羽毛，在不同场景间穿越。

继续意识传输：
特别服务。实时搭建玩家梦境，加入角色和剧情。并播放与之同频的钟声，发送信号提示玩家梦到设定的剧情。

屏幕显示：参数代码交织在一起。两个影子在泡沫的涨落中涨落。

继续意识传输：
注意事项。在玩家化身的生命历程中与对方相遇前会梦到彼此，携带潜意识中的信息，各自经历各自完成。风险是轮回中无尽流浪。祝好运。

钟声响起。屏幕显示"8"循环倒计时。游戏开始了。

20180427 XIIISS.J

关于作者作品简介

2021 十三集
2021 Thirteen Sections-Be included in
NATIONAL LIBRARY OF AUSTRALIA
State Library South Australia

2022 Thirteen Sections-Selected
SCREENCRAFT

2022 SOMEONE-Selected
Berlin Art Film Festival
Geneva International Science in Fiction Screenplay
Awards
Indie Cinema Awards
Mallorca International Film Festival
London International Screenwriting Competition
ZED FEST FILM FESTIVAL

2023 SOMEONE-Best Screenplay
Almanac Association Script Contest

2023 SOMEONE-Selected
Scriptmatix
Script2Comic Contest

2023 OM-Selected
London International Screenwriting Competition

2023 OM-Best Screenplay
Hollywood Just4shorts Film and Screenwriting
Competition

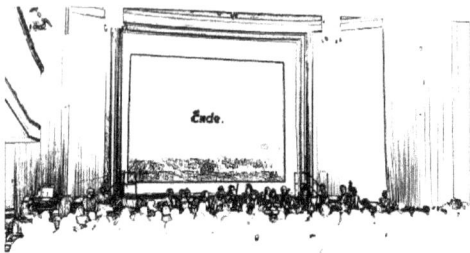

Ende.